BEI GRIN MACHT SICH IHR WISSEN BEZAHLT

- Wir veröffentlichen Ihre Hausarbeit, Bachelor- und Masterarbeit

- Ihr eigenes eBook und Buch - weltweit in allen wichtigen Shops

- Verdienen Sie an jedem Verkauf

Jetzt bei www.GRIN.com hochladen und kostenlos publizieren

Bibliografische Information der Deutschen Nationalbibliothek:

Die Deutsche Bibliothek verzeichnet diese Publikation in der Deutschen Nationalbibliografie; detaillierte bibliografische Daten sind im Internet über http://dnb.d-nb.de/ abrufbar.

Dieses Werk sowie alle darin enthaltenen einzelnen Beiträge und Abbildungen sind urheberrechtlich geschützt. Jede Verwertung, die nicht ausdrücklich vom Urheberrechtsschutz zugelassen ist, bedarf der vorherigen Zustimmung des Verlages. Das gilt insbesondere für Vervielfältigungen, Bearbeitungen, Übersetzungen, Mikroverfilmungen, Auswertungen durch Datenbanken und für die Einspeicherung und Verarbeitung in elektronische Systeme. Alle Rechte, auch die des auszugsweisen Nachdrucks, der fotomechanischen Wiedergabe (einschließlich Mikrokopie) sowie der Auswertung durch Datenbanken oder ähnliche Einrichtungen, vorbehalten.

Impressum:

Copyright © 2018 GRIN Verlag
Druck und Bindung: Books on Demand GmbH, Norderstedt Germany
ISBN: 9783668741799

Dieses Buch bei GRIN:

https://www.grin.com/document/431666

Denise Kiontke

Jahresabschluss, Controlling und Kostenrechnung als Grundlagen der Betriebswirtschaftslehre

GRIN Verlag

GRIN - Your knowledge has value

Der GRIN Verlag publiziert seit 1998 wissenschaftliche Arbeiten von Studenten, Hochschullehrern und anderen Akademikern als eBook und gedrucktes Buch. Die Verlagswebsite www.grin.com ist die ideale Plattform zur Veröffentlichung von Hausarbeiten, Abschlussarbeiten, wissenschaftlichen Aufsätzen, Dissertationen und Fachbüchern.

Besuchen Sie uns im Internet:

http://www.grin.com/

http://www.facebook.com/grincom

http://www.twitter.com/grin_com

Deutsche Hochschule für
Prävention und Gesundheitsmanagement
Hermann Neuberger Sportschule 3
66123 Saarbrücken

Einsendeaufgabe

Fachmodul: Betriebswirtschaftslehre 3

Studiengang: BFÖ

Datum Präsenzphase: 12.- 15. März 2018

Name, Vorname: Kiontke, Denise

Studienort: **Stuttgart**

Semester: **SS16**

Inhaltsverzeichnis

1 JAHRESABSCHLUSSANALYSE 3

1.1 Teilanalysen der Jahresabschlussanalyse 3
    1.1.1 Vertikale Strukturanalyse (Passivseite) für 2015 und 2016 3
    1.1.2 Kurzfristige Finanzanalyse für 2015 und 2016 3
    1.1.3 Erfolgsanalyse (Rentabilitätskennzahlen) für 2015 und 2016 4

1.2 Wirtschaftliche Entwicklung 4

2 CONTROLLING 7

2.1 Entwicklung eines Kennzahlensystems 7

2.2 Entwicklung eines Controllingsystems 8

2.3 Interpretation Controllingsystem 10

3 KOSTENRECHNUNG 10

3.1 Zuschlagskalkulation 10

3.2 Deckungsgradbeitragsrechnung 11

3.3 Interpretation einer Deckungsbeitragssituation 13

4 LITERATURVERZEICHNIS 14

5 ABBILDUNGS- UND TABELLENVERZEICHNIS 14

5.1 Abbildungsverzeichnis 14

5.2 Tabellenverzeichnis 14

1 Jahresabschlussanalyse

1.1 Teilanalysen der Jahresabschlussanalyse

Allgemein: Euro in Tsd.

1.1.1 Vertikale Strukturanalyse (Passivseite) für 2015 und 2016

Eigenkapitalquote: EQ = (Eigenkapital/Gesamtkapital)x100

2015: (1.245,8/2.139,1)x100=58,24%

2016: (1.428,0/2.721,8)x100= 52,47%

Fremdkapitalquote: FQ = (Fremdkapital/Gesamtkapital)x100

2015: (893,3/2.139,1)x100=41,76%

2016: (1.293,8/2.721,8)x100=47,53%

Verschuldungsgrad: VG = (Fremdkapital/Eigenkapital)x100

2015: (893,3/1.245,8)x100=71,70%

2016: (1.293,8/1.428,0)x100=90,60%

Umschlagshäufigkeit des Kapitals: USH(K) = Umsatz/ Durchschnitt Gesamtkapital

2015: 3.150,257/((2.139,1+2.721,8)/2)= 1,3

2016: 3.652,369/((2.139,1+2.721,8)/2)=1,5

1.1.2 Kurzfristige Finanzanalyse für 2015 und 2016

Liquidität 1.Grad =(Zahlungsmittelbestand(ZMB)/kurzfristige Verbindlichkeiten)x100

2015: (83,5/291,5)x100=28,64%

2016: (119,1/360,6)x100=33,03%

Gewinn = ((Gesamtkapitalrentabilität/100)xGesamtkapital)-Fremdkaptalzinsen

2015: ((5,25/100)x2139,1)-((4,36/100)x496,5)= 112,3-21,65= 90,65Euro

2016: ((7,41/100)x2721,8)-((2,33/100)x832,7)= 201,69-19,4= 182,29Euro

Cashflow = Gewinn+Abschreibungen

2015: 90,65+72,25=162,90Euro

2016: 182,29+94,36=276,65Euro

Working Capitals = Umlaufvermögen – kurzfristige Verbindlichkeiten

2015: 651,4-291,5=359,90 Euro

2016: 662,7-360,6=302,10 Euro

1.1.3 Erfolgsanalyse (Rentabilitätskennzahlen) für 2015 und 2016

Gewinnänderungsrate: (Gewinn Geschäftsjahr/Gewinn Vorjahr)x100
(182,29/90,65)x100=201,09%

Eigenkapitalrentabilität: (Gewinn/Eigenkapital)x100
2015: (90,65/1.245,8)x100=7,28%
2016: (182,29/1.428,0)x100=12,77%

Umsatzrentabilität: (Gewinn/Umsatz)x100
2015: (90,65/3.150,257)x100=2,88%
2016: (182,29/3.652,369)x100=4,99%

1.2 Wirtschaftliche Entwicklung

Betrachtet man unabhängig von den berechneten Kennzahlen die Jahresabschlüsse der Jahre 2015 und 2016, fallen schnell größere Veränderungen auf. Das Anlagevermögen, Vermögenswerte die dem Unternehmen langfristig dienen, hat sich deutlich erhöht, wobei sich das Umlaufvermögen kaum verändert hat. Das lässt auf größere Investitionen schließen. Hierfür wurde vermutlich ein Kredit aufgenommen, da sich die langfristigen Verbindlichkeiten erhöht haben. Die Bilanzsumme hat sich um 27,24% auf T€ 2.721,8 erhöht.

Die Geschäftsentwicklung des Jahres 2016 verlief aus Sicht der XY GmbH positiv.

A) Vermögenslage

Das Anlagevermögen erhöhte sich durch Kostenzugänge, diesen stehen Abschreibungen und Verkäufe gegenüber. Das Umlaufvermögen erhöhte sich im Wesentlichen durch Vorräte und liquide Mittel. Im Gegensatz hierzu, verringerten sich die kurzfristigen und langfristigen Forderungen. Im Gesamten betrachtet, erhöhte sich das Anlagevermögen um T€ 571,4 und das Umlaufvermögen um T€ 11,3. Das Eigenkapital hat sich vermutlich durch den Jahresüberschuss des Vorjahres und der Veränderung der Geschäftsguthaben leicht erhöht. Die XY GmbH verfügt damit weiterhin über eine vermindert gute Eigenkapitalausstattung. Die Rückstellungen bestehen insbesondere aus aktuellen Pensionsrückstellungen sowie aus weiteren kurz- und langfristigen Rückstellungen. Die Verbindlichkeiten gegenüber Kreditinstituten und anderen Kreditgebern erhöhte sich durch Zugänge um T€ 405,3. Insbesondere langfristige Verbindlichkeiten erhöhten sich um 67,7% auf T€ 832,7. Die Vermögenslage der XY GmbH ist geordnet.

B) Finanzlage

Die finanzielle Entwicklung der XY GmbH wird anhand einiger Kennzahlen dargestellt. Die Kapitalflussrechnung bildet dabei Zahlungsströme ab, die Auskunft darüber geben, wie das Unternehmen finanzielle Mittel erwirtschaftet hat und welche Investitions- und Finanzierungsmaßnahmen vorgenommen wurden.

Es ergibt sich folgende Kapitalflussrechnung:

Tabelle 1: Kapitalflussrechnung.

	2015 (Euro in Tsd.)	2016 (Euro in Tsd.)
Jahresüberschuss (Gewinn)	90,65	182,29
Abschreibungen auf Gegenstände des Anlagevermögens bzw. andere Abschreibungen	+ 72,25	+ 94,36
= Cashflow nach DVFA/SG	**162,90**	**276,65**
Zunahme der kurzfristigen Rückstellungen	+ 25,10	+ 26,30
Zunahme kurzfristiger Aktiva (Vorräte + Liquide Mittel + kurzfristige Forderungen)	+ 395,70	+ 452,60
Zunahme kurzfristiger Passiva (kurzfristige Verbindlichkeiten)	+ 291,50	+ 360,60
= Cashflow aus laufender Geschäftstätigkeit	875,20	1.116,15

Aus dem Cashflow nach DVFA/SG konnten die Planmäßigen Tilgungen (aus den kurzfristigen Verbindlichkeiten) geleistet werden. Zum Bilanzstichtag stehen der XY GmbH liquide Mittel und kurzfristige Forderungen zur Verfügung. Die Zahlungsfähigkeit war im Berichtsjahr gegeben und ist auch für die überschaubare Zukunft gewährleistet. Die Finanzverhältnisse sind geordnet.

C) Ertragslage

Zur Analyse der Ertragslage wurde der Gewinn aus der Gesamtkapitalrentabilität und der Bilanzsumme berechnet. Der Jahresüberschuss war in beiden Geschäftsjahren positiv und erhöhte sich um T€ 91,64 auf T€ 182,29. Insgesamt wird deswegen auch die Ertragslage als zufriedenstellend beurteilt.

Die Zinzlandschaft entwickelte sich für die XY GmbH ebenfalls positiv und der Fremdkapitalzinssatz konnte von 4,36% p.a. auf 2,33% p.a. gemindert werden.

D) Weitere Kennzahlen

Mit der um 5,77% erhöhten Fremdkapitalquote, steigt auch der Verschuldungsgrad deutlich. Das Risiko einer Zahlungsunfähigkeit ist jedoch gering. Die Eigenkapitalquote liegt immer noch über der Hälfte des Gesamtkapitals bei 52,47% und die Fremdkapitalquote knapp unter 50% bei 47,53%. Die Produktivität des eingesetzten Kapitals, hat sich durch die erhöhte Umschlagshäufigkeit des Kapitals, verbessert. So fließen die Finanzmittel schneller über den Umsatzprozess in das Unternehmen zurück (Vollmuth & Zwettler, 2008, S. 85f.). Die Eigenkapitalrentabilität und die Umsatzrentabilität haben sich deutlich erhöht, was auf die Gewinnänderungsrate von 201,09% im Jahr 2016 zurückzuführen ist. Dies hört sich vorerst positiv an, jedoch ist das Working Capital und somit der tatsächliche Geldfluss um T€ 57,80 gesunken.

Die gestiegene Liquidität 1. Grades ist mit 33,03% knapp über dem Zielbereich von 10-30%.(Perridon & Steiner, 2007, S. 547). Dies ist jedoch noch im Rahmen und zeigt eine eher defensive und sicherheitsbewusste Unternehmensstrategie. Die Zahlungsfähigkeit ist somit jeder Zeit gegeben. Diese positive Veränderung der Liquidität 1. Grades ist auf den gestiegenen Cashflow zurück zu führen.

2 Controlling

2.1 Entwicklung eines Kennzahlensystems

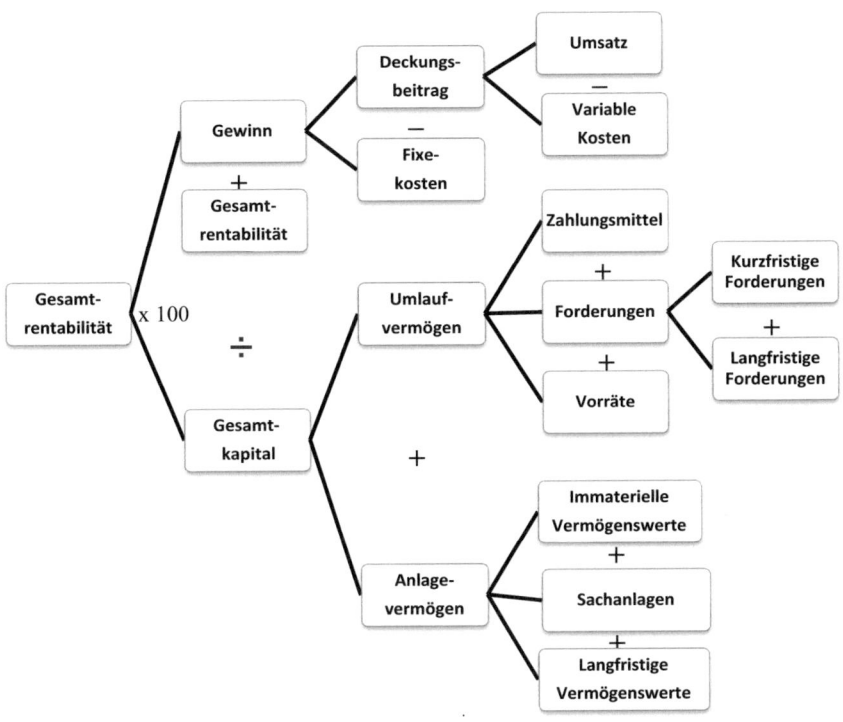

Abbildung 1: Kennzahlensystem.

2.2 Entwicklung eines Controllingsystems

Allgemein: Euro in Tsd.

Tabelle 2: Plan-/Ist- Zahlentabelle für das Controllingsystem.

Kennzahl	Vorjahr (€)	Plan (€)	Ist (€)
Immaterielle Vermögenswerte	239,30	-3% = 232,12	235,60
Sachanlagen	1.085,30	+40% = 1.519,42	1.609,20
Langfristige Vermögenswerte	163,10	+15% =187,57	214,30
Vorräte	201,70	-0,1 =201,60	237,50
Liquide Mittel	83,50	+22,5% =102,29	119,10
Kurzfristige Forderungen	110,50	-9% =100,28	96,00
Langfristige Forderungen	255,70	-12% =198,62	210,10
Umsatz	3.150,257	+8,5% =3.418,030	3.652,369
Gesamtkostenblock	3.057,937	+5% = 3.210,830	+ 13,48% =3.470,150
Davon Fixkostenanteil		60% = 1.926,50	55% = 1.908,58
Davon Variabler Kostenanteil		40% = 1.284,33	45% = 1.561,57

Das Controllingsystem (Euro in Tsd.):

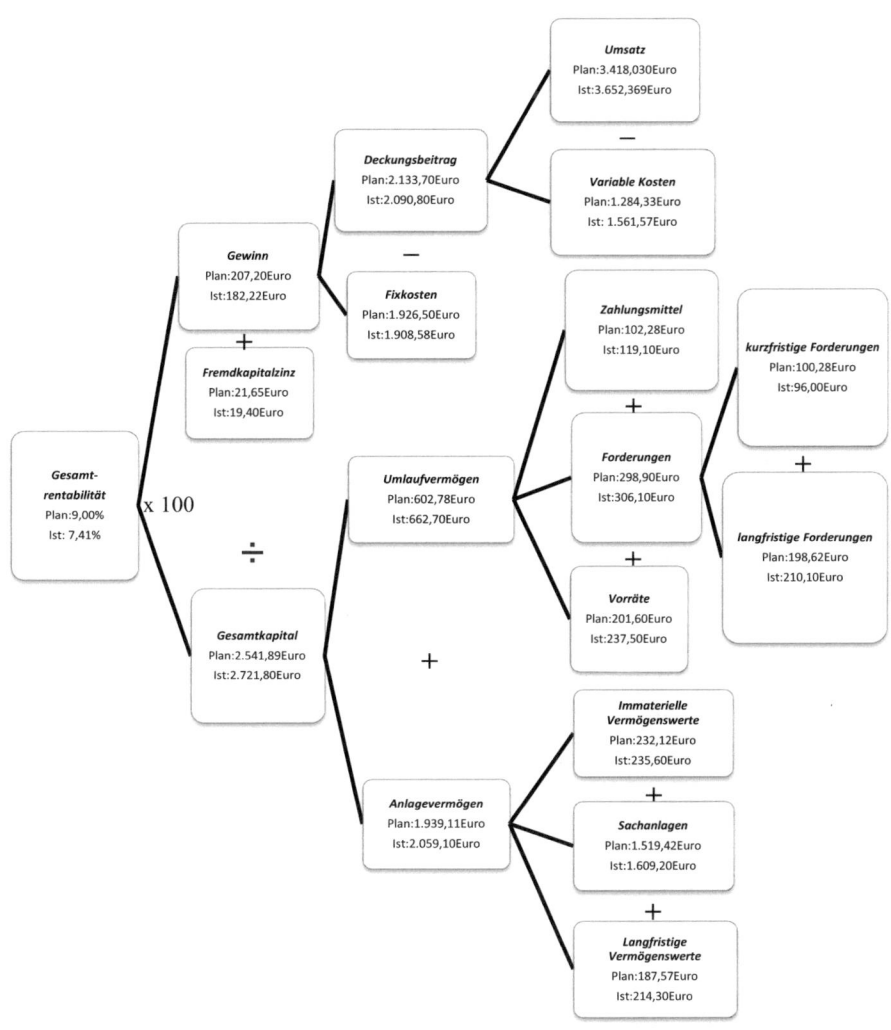

Abbildung 2: Controllingsystem.

2.3 Interpretation Controllingsystem

Zu sehen ist, dass das Anlagevermögen um T€ 119,99 über der Planzahl ist. Hier haben die Sachanlagen mit T€ 1.609,20 den größten Anteil. Möglicherweise wurden neue Maschinen gekauft, um das Unternehmen zu vergrößern. Deutlich erhöht haben sich auch neben den Sachanlagen die langfristigen Vermögenswerte. Die immateriellen Vermögenswerte sind jedoch kaum verändert. Im Vergleich zum Anlagevermögen, weicht die Ist Zahl des Umlaufvermögens nicht so stark von der Planzahl ab. Die Vorräte verringerten sich nicht wie geplant um 10%, sondern stiegen stattdessen sogar um 17,75%. Dies kann eventuell Folge von einer Überproduktion sein. Die kurzfristigen Forderungen haben sich um T€ 14,50 reduziert, was T€ 4,28 über der Planzahl liegt. Die langfristigen Forderungen konnten nicht wie geplant um T€ -57,08 reduziert werden, sondern nur um T€ -45,60. Die variablen Kosten sind mit T€ 1.561,57 deutlich über der Planzahl. Daraus lässt sich schließen, dass mehr Stückzahlen als geplant produziert wurden, wodurch die Vorräte gestiegen sein könnten und mehr Kosten anfielen. Mit der erhöhten Produktion, stieg auch der Absatz, wodurch der Umsatz um T€ 234,339 höher als die Planzahl ist. Die Fixkosten sind dabei um 5% niedriger als geplant ausgefallen. Die hohen variablen Kosten schmälern wiederum den Gewinn.

Zusammengefasst, fällt das Gesamtkapital höher als geplant aus, die Summe aus Gewinn und den Fremdkapitalzinsen jedoch geringer, was die Gesamtkapitalrentabilität um 1,59% unter der Planzahl stehen lässt. Dennoch hat das Unternehmen eine positive Entwicklung genommen.

3 Kostenrechnung

3.1 Zuschlagskalkulation

Allgemeine Informationen:

Wareneinsatzkosten: 272.600,-€ (netto)

Mietkosten: 90.100,-€ (netto)

Versicherungskosten: 4.096,-€ (netto)

Personalkosten: 72.690,-€ (netto)

Vertriebskosten: 5.240,-€ (netto)

Listeneinkaufspreis: 69,50,-€ (netto) mit 2,4% Rabatt und 1% Skonto

Gewinnzuschlag: 38%

Zollgebühren: 1,50€/Stück

Versandkosten: 0,75€/Stück

Kundenrabatt: 4%

Kundenskonto: 3%

Handlungskosten = ((Mietkosten + Versicherungskosten + Personalkosten + Vertriebskosten)/ Wareneinsatzkosten)x100

Handlungskosten: ((90.100+4.096+72.690+5.240)/272.600)x100 = 63,14%

Tabelle 3: Zuschlagskalkulation (Handelskalkulation).

Listeneinkaufspreis		69,50€
- Rabatt	-2,4%	- 1,67€
= Zieleinkaufspreis		67,83€
- Skonto	-1%	-0,68€
= Bareinkaufspreis		67,15€
+ Bezugskosten (Zollgebühren + Versandkosten)	+2,25€	
= Bezugspreis/Einkaufspreis (EK)		**69,40€**
+ Handlungskosten	**+63,14%**	**+43,82€**
= Selbstkosten		113,22€
+ Gewinn	+38%	+43,02€
= Barverkaufspreis		156,24€
+ Skonto	+3%	+4,69€
= Zielverkaufspreis		160,93€
+ Rabatt	+4%	+6,44€
= Listenverkaufspreis (VK) (netto)		167,37€
= Verkaufspreis (Brutto)		**199,17€**

Handelsspanne = ((VK-EK)/VK)x100 → max. Rabatt

((167,37-69,50)/ 167,37)x100 = 58,48% Rabatt

Kalkulationszuschlag = ((VK-EK)/EK)x100 →Aufschlag auf EK um VK zu bekommen

((167,37-69,50)/ 69,50)x100 = 140,82%

3.2 Deckungsgradbeitragsrechnung

Allgemeine Informationen:

240 Kaufinteressenten

Davon nimmt 1/3 Laufbandanalyse in Anspruch = 80 Kunden

Davon kaufen 70% der Kunden, Laufschuhe = 56 Kunden

Bei Kauf werden 50% der Gebühren für die Laufbandanalyse dem Kunden erstattet

Die Provision der Mitarbeiter beträgt 5€ für jedes verkaufte Paar nach einer Laufanalyse

Fläche für das Serviceangebot: 20qm

Gesamtfläche: 1.200qm

Miete: 8.900€ (netto)/Monat

Nebenkosten: 5% der Monatsmiete (netto)

Einrichtungsgegenstände: 3.850€ (brutto); Nutzungsdauer: 6 Jahre

Berechnung des Bruttoverkaufspreises für eine Laufbandanalyse:

Formel: Deckungskosten= Teilumsatz – Direkt zurechenbare Kosten

Miete Gesamtfläche = 8.900,-€

davon 5% Nebenkosten = 445,-€

Miete + Nebenkosten: 8.900+445 = 9.345,-€ / 1.200qm = 7,79€ pro qm x 20qm = **155,75€** für 20qm

Einrichtungsgegenstände: 3.850,-€ (brutto) = 3.235,29€ (netto)

Abschreibung 6 Jahre: 3.235,29/6= 539,22€(pro Jahr) / 12 = **44,93€** pro Monat

56(verkaufte Schuhe)x5,-€(Provision MA) = **280,-€** Provision pro Monat

Direkt zurechenbare Kosten:

155,75 + 44,93 + 280 = **480,68€ pro Monat**

80-56 = 24 Vollzahler

56 mal ½ Preis = 28 Vollzahler → 24+28= 52 Vollzahler

Teilumsatz = 52 x „X"

- Kosten = 480,68€

Deckungsbeitrag = 0,-€

→ **Verkaufspreis:** 480,68/52 = 9,24€ (netto) = **11,-€ (brutto)**

Der Bruttoverkaufspreis der für eine Laufbandanalyse mit Deckungsbeitrag = „0" verlangt werden muss, liegt bei 11,00€.

3.3 Interpretation einer Deckungsbeitragssituation

„Sollte der Deckungsbeitrag II eines Unternehmensbereiches negativ sein, der Deckungsbeitrag I jedoch positiv, so ist die einzig richtige Unternehmensstrategie, dass dieser Geschäftsbereich aufgegeben werden muss!" (Auszug aus der Aufgabenstellung; rev. 18.020.000)

Es ist kein sofortiger Grund, einen Geschäftsbereich aufzugeben, wenn der Deckungsbeitrag II negativ ist. Durch das Herstellen mehrerer Produkte, verringern sich die Fixkosten pro hergestellter Einheit. Nimmt man nun den Geschäftsbereich mit negativem Deckungsbeitrag (DB) aus dem Sortiment, erhöhen sich die Fixkosten pro hergestellter Einheit, da insgesamt weniger Einheiten hergestellt werden. Es ist möglich, dass Produkte aus anderen Geschäftsbereichen, nur in Zusammenhang mit den Produkten des Geschäftsbereiches mit negativen DB verkauft werden, da diese als „Türöffner" dienen und somit in der Summe trotzdem Gewinn gemacht wird. Ebenso ist es möglich, dass durch den DB I, die Materialkosten beglichen sind, in DB II dann die Lohnkosten anfallen und dieser deshalb negativ ist. Würde man nun den Geschäftsbereich auf Grund des negativen DB II aufgeben, würden die Lohnkosten ebenfalls anfallen und müssten somit auf andere Bereiche verteilt werden, welche dann ebenfalls einen negativen DB II aufweisen könnten. Ist der DB I positiv und der DB II negativ, können immerhin ein paar der Kosten beglichen werden.

Beispiel: (Zahlen frei erfunden)
Herstellung Porsche Macan und Porsche Cayenne

Beide haben nach Herstellungskosten und sonstigen Kosten einen positiven DB I

Macan: DB I: +500€   Cayenne: DB I: 2.000€

Dann fallen Mietkosten in Höhe von 1.200€ für das gemeinsame Lager an:
(jeweils – 600€)

Macan DB II: 500-600= -100€   Cayenne: DB II: 2.000-600= +1.400€

Gesamtgewinn: +1.300€

Würde man nun den Macan aufgrund seines negativen DB II aus dem Sortiment nehmen, würden die Mietkosten in Höhe von 1.200€ für das Lager nur auf den Cayenne anfallen.

Cayenne DB I: 2.000€

Cayenne DB II: 2.000-1.200 = +800€

Gesamtgewinn (nur noch): + 800€.

→ Stellt man also beide Autos her, ist der Gesamtgewinn trotz negativen DB II des Macan höher (1.300€), als wenn man nur den Cayenne herstellen würde (800€).

4 Literaturverzeichnis

Perridon, L., & Steiner, M. (2007). *Handbücher der Wirtschafts- und Sozialwissenschaften: Finanzwirtschaft der Unternehmung* (Bde. 14, überarb. und erw. Aufl.). München: Vahlens.

Vollmuth, H., & Zwettler, R. (2008). *Taschen Guide: Kennzahlen* (Bde. 13, Best-of-Ed). Planegg/ München: Haufe.

5 Abbildungs- und Tabellenverzeichnis

5.1 Abbildungsverzeichnis

Abbildung 1: Kennzahlensystem 7
Abbildung 2: Controllingsystem. 9

5.2 Tabellenverzeichnis

Tabelle 1: Kapitalflussrechnung 5
Tabelle 2: Plan-/Ist- Zahlentabelle für das Controllingsystem. 8
Tabelle 3: Zuschlagskalkulation (Handelskalkulation) 11

BEI GRIN MACHT SICH IHR WISSEN BEZAHLT

- Wir veröffentlichen Ihre Hausarbeit, Bachelor- und Masterarbeit

- Ihr eigenes eBook und Buch - weltweit in allen wichtigen Shops

- Verdienen Sie an jedem Verkauf

Jetzt bei www.GRIN.com hochladen und kostenlos publizieren